AF563180

LA PROCHAINE LOI ÉLECTORALE

PARIS-AUTEUIL
IMPRIMERIE DES APPRENTIS CATHOLIQUES
40, rue La Fontaine, 40.

HENRI NADAL

LA PROCHAINE LOI ÉLECTORALE

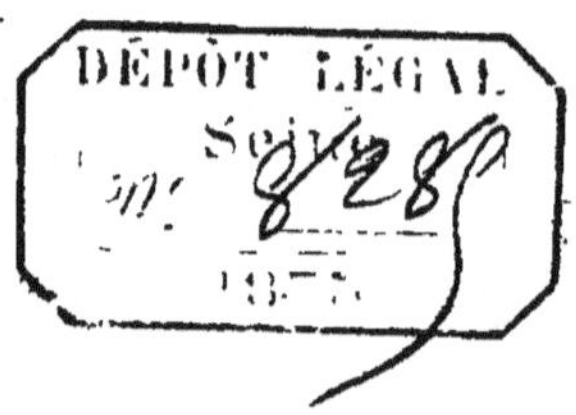

PARIS
C. DILLET, LIBRAIRE-ÉDITEUR
15, RUE DE SÈVRES, 15
1875

I

A son retour à Versailles, l'*Assemblée nationale doit aussitôt élaborer une nouvelle loi électorale.* Comme on l'a déjà fait judicieusement observer, ce sera la discussion la plus importante de toutes celles que l'Assemblée devra entreprendre à sa prochaine rentrée. Ce sera même la question capitale du moment, puisqu'elle sera le complément de la Constitution elle-même, l'instrument qui devra tout mettre en œuvre dans l'État. De sa solution dépendra le sort des partis, du pouvoir et par conséquent l'avenir de la France entière.

C'est, en effet, de la discussion et de la mise en vigueur de cette nouvelle loi, que doit sortir pour le pays une majorité, une de ces majorités qui sont si lentes à se produire de nos temps.

Voilà du moins sous quel jour, les partis voient la prochaine loi électorale. C'est assez dire par là sur quel terrain se placeront les débats, sur l'unique terrain de la compétition du pouvoir.

Dans notre état actuel surtout, la discussion d'une pareille loi me semble aussi grave que peu opportune.

Aujourd'hui que le pouvoir est en jeu, convoité de tous,

que le trône a fait place à la simple chaise démocratique ; aujourd'hui que la fortune du gouvernant est à la merci du bon vouloir ou du caprice du gouverné ; aujourd'hui que les partis cherchent à tirer de cet état précaire, incertain, anormal, tout un vieux ballot de vieilles espérances ; aujourd'hui que les rancunes politiques sont à l'unisson de l'envie, du désir que chacun a d'arriver au pouvoir malgré tout, par tous les moyens ; aujourd'hui que la surexcitation est dans toutes les sphères ; aujourd'hui enfin que nous avons fait « table rase et que nous devons reconstruire l'édifice entier du gouvernement (1) ; » l'élaboration d'une nouvelle loi électorale me paraît devoir être très-incomplète, partiale, intéressée et funeste ainsi aux intérêts de tous. Car nous pouvons être assurés d'avance que chacun n'y cherchera que le moyen de supplanter ses adversaires et de parvenir au pouvoir.

Une loi électorale, sous le régime monarchique, pourrait être un perfectionnement de plus à ajouter à tous les perfectionnements dont a toujours un si grand besoin la machine gouvernementale. Dans ces conditions et les choses en cet état, ce serait un grand bien ou une amélioration, puisque le pouvoir resterait en dehors de tout débat, loin de toute atteinte et qu'ainsi les représentants de la nation consul-

(1) E. Aubry Vitet, *La vraie Réforme électorale.*

teraient plus mûrement, plus impartialement le bien général, l'ambition de chacun ne pouvant plus se donner libre carrière.

Mais, je le répète, quand le pouvoir est l'enjeu d'une discussion, lorsqu'il s'agit pour lui d'une question d'être ou de ne pas être, quand la toute-puissance doit être le prix du vainqueur, on peut sûrement dire avec Dante : *Lasciate ogni speranza.* Ne comptez que sur une seule chose dans les débats, sur l'esprit de coterie, sur le parti pris, sur la haine, sur l'ambition, sur le choc des opinions personnelles, sur le désir, sur la convoitise du pouvoir.

Comment pourrait-il en être autrement? Depuis un temps bien long déjà, les partis sont en présence, se surveillant, s'épiant, se guettant pas à pas. Chacun cherche à se tenir sur la défensive, puis à surprendre son adversaire, à lui soulever des difficultés, à lui tendre des piéges, à le mettre dans l'embarras, à profiter de la moindre faute commise, à le supplanter et arriver à la toute-puissance.

Je fais ici de l'histoire de tous les jours.

Et lorsqu'on va tracer l'arrêt de vie ou de mort du pouvoir, vous voulez que tous les partis consentent par un revirement soudain, à signer une trêve pour renoncer à leurs menées, à leurs espérances, pour se désintéresser de tout ce qu'ils convoitent de temps immémorial?

— Non, le cas ne me semble propice que pour raviver les

haines, perpétuer une lutte désastreuse pour nos intérêts, et mettre la France entre les mains du parti triomphant. Car la question est aujourd'hui bien nettement posée. Un seul parti primera tous les autres.

Le pouvoir sera donc le but des compétitions et la souveraineté du peuple le moyen pour y parvenir.

Nous objecterons « qu'une longue expérience, le calcul des votes, la pratique électorale prouve que, si l'on tient compte des abstentions, si l'on fait le total des oppositions, il est presque impossible que le résultat d'une élection exprime autre chose que l'opinion d'une minorité. » (1)

Donc il est aisé de conclure que cette nouvelle loi électorale, après avoir été pour nous un nouveau regain de discorde, nous livrera entre les mains de la minorité triomphante. Voilà le seul but à atteindre.

Que devient alors l'équilibre dans l'État ?

Que deviennent ces immenses majorités qui ne sont pas représentées ?

Que devient le droit ?

Que devient la justice ?

« La représentation sincère, exacte, complète, réelle du pays, dit un écrivain du jour, est pour tous les partis une préoccupation d'un ordre secondaire. Ils ne se soucient que d'un

(1) J. Bourgeois

point : savoir quel sera le résultat politique des élections, à quelle opinion elles donneront la victoire. Il suffit pour s'en convaincre de parcourir, même sommairement, les projets qui ont été mis en avant, de prêter une oreille distraite aux discussions qui se poursuivent sur ce grave sujet. »

Il dit plus loin : « Quant à s'inquiéter de ce que doit être la représentation d'un grand pays, des meilleurs moyens à trouver pour assurer l'intégrité et la sincérité de cette représentation, il semble que personne n'en ait souci présentement. Il faut reconnaître d'ailleurs qu'il ne saurait en être autrement du moment que, au lieu de constituer un gouvernement fondé sur des principes nettement reconnus et mis au-dessus de toute discussion, on s'est résigné à expérimenter un régime qui ne peut reposer que sur ce qu'il y a de plus flottant, de plus mobile au monde, sur l'opinion, c'est-à-dire sur la volonté plus ou moins sincèrement constatée, mais par essence toujours changeante des majorités. »

« Des intérêts, écrit le même publiciste, peuvent transiger, se faire des concessions mutuelles, mais il est clair qu'il n'est pas de transaction possible entre des volontés divergentes, entre des partis qui professent sur l'organisation de l'État et de la société des opinions radicalement différentes. Dès lors, si le gouvernement n'a pas d'autre principe que d'être l'expression de l'opinion ou de la volonté du plus grand nombre, il s'ensuit logiquement que les opinions qui prétendent chacune respectivement à diriger la société, doivent engager l'une contre l'autre une lutte sans trêve, sans merci, et faire tous leurs efforts pour se fermer réciproquement les accès du pouvoir. »

Il ajoute encore : « Du moment que la loi ne doit pas être autre chose que l'expression de la volonté du plus grand nombre, la société est livrée aux agitations et à la guerre. Chaque parti n'a plus d'autre but que de chercher dans les fluctuations incessantes de l'opinion, le moyen de s'emparer du pouvoir. Quant aux minorités, elles sont fatalement vouées à l'oppression, il n'y a pas de droit pour elles : elles sont mises hors la loi, en vertu même de la logique. Ce ne sont pas là de simples considérations théoriques, il suffit de parcourir notre histoire révolutionnaire pour comprendre le sort réservé, sous la loi du nombre, aux minorités électorales, c'est-à-dire trop souvent dans la pratique à la majorité du pays, car on sait par expérience jusqu'à quel point les majorités sorties d'un scrutin représentent fidèlement le pays lui-même » (1).

« En république, dit M. Henri Lemoine, le pouvoir est la cause d'une foule de compétitions qui troublent le pays, parce qu'elles songent avant tout à leur intérêt personnel. »

(1) J. Bourgeois.

Enfin M. Louis Blanc, qui ne peut être ici taxé de partialité, a écrit : « Non-seulement il est possible qu'à tel moment donné, la majorité devienne oppressive, mais quelquefois cela arrive. »

Tel est le point du litige, telle est la lutte qui va s'engager devant nous. Telle est la base du débat, dans son faux principe et dans ses tristes conséquences.

Depuis 1789, nous avons eu beaucoup de lois électorales. Elles ont été de plusieurs sortes. Selon les circonstances et les temps, elles ont changé de caractère et de tendances. Nous avons usé toutes les combinaisons, nous avons essayé de tous les systèmes. On a employé à plusieurs reprises, en France, et la plume et la voix pour faire entendre ce que chacun prétendait la vérité, l'infaillible succès de donner pour toujours au pays une vraie représentation, l'ordre et la paix. Mais, il faut bien le dire, pas une de ces lois, aux époques troublées comme la nôtre, n'est parvenue à nous doter d'une parcelle de la stabilité d'autrefois, ni à nous arracher aux déchirements dont souffre notre génération. Que dis-je? elles ont souvent contribué, dans une large proportion, à maintenir nos dissensions intérieures, à raviver nos haines, à aggraver encore nos malheurs, sans jamais remédier à rien.

Cette nouvelle loi sera-t-elle plus heureuse que les précédentes? Sera-t-elle le remède souverain toujours promis et encore vainement attendu? D'après ce que nous venons de voir, il serait audacieux de l'affirmer.

D'ailleurs, en dehors de la compétition du pouvoir et de la rivalité des partis, il est d'autres motifs qui nous permettent d'assurer que la prochaine loi électorale ne sera pas plus efficace que ses devancières. Car la controverse ne roulera que sur une base, sur l'assertion évidemment erronée que « l'unique objet de la représentation doit être l'opinion du « plus grand nombre. »

Tous les partis, en effet, de l'Assemblée s'accordent sur ce point, chacun seulement interprète à sa manière le mode dont le plus grand nombre formule ses volontées souveraines.

Le parti républicain veut à tout prix le scrutin de liste, tandis que les conservateurs prônent le scrutin d'arrondissement.

II

C'est sur la prépondérance de ces deux systèmes électoraux que s'engagera la discussion, au sein de l'Assemblée nationale. Nous l'avons dit, l'immense défaut de ces deux systèmes est de reposer « sur le principe éminemment faux, que le seul objet de la représentation nationale, c'est l'opinion, la volonté des majorités réelles ou présumées; que les assemblées représentatives n'ont pas d'autre but que de refléter l'opinion de ce qui est réputé le plus grand nombre; que l'opinion seule a droit à être représentée, que c'est, en définitive, le seul élément constitutif de la vie d'un peuple. » (1)

Alors, quoi qu'on dise, nous sommes forcés de nous livrer aux capricieuses impulsions du nombre, et, selon le mot de Montaigne : « nous n'allons pas, on nous emporte : comme « les choses qui flottent ores doucement, ores avec violence, « selon que l'eau est ireuse ou bonasse. »

Dans l'un comme dans l'autre de ces deux modes d'élections, nous voyons, à cause de ce faux point de départ,

(1) J. Bourgeois.

de nouveaux inconvénients, pour ne pas dire de graves dangers.

Plusieurs républicains, d'ailleurs, n'ont pas été de l'avis de M. Louis Blanc, qui croit à l'impérieuse nécessité de soutenir le scrutin de liste. Je ne peux mieux faire que de citer à l'appui de mon affirmation et surtout à l'appui de mon sujet le jugement autrefois porté par M. de Lamartine sur ce système électoral.

« Quand les époques sont calmes, dit-il; quand les gouvernements sont assis depuis un certain temps; quand les opinions sont arrêtées et fixées; quand les hommes ont eu l'occasion de se faire juger dans les assemblées nationales, l'élection est facile. Chaque département connait les opinions, la moralité, les talents des hommes qui lui demandent ses suffrages. La réputation est un flambeau qui éclaire d'avance les noms de ces candidats. Le peuple sait ce qu'il fait en les nommant, et alors il les destitue rarement de sa confiance. Une certaine fixité s'établit dans les choix. On use un bon représentant jusqu'à la fin. Ses cheveux, blanchis au service de ses concitoyens, ne le font pas mettre au rebut par eux. Au contraire, l'expérience est un fruit qui demande beaucoup de soleils, de jours et d'années pour mûrir.

« Il faut beaucoup d'expérience dans le gouvernement des républiques. Les peuples anciens formaient leurs sénats avec des vieillards. Ils préjugeaient qu'un homme était plus sage quand il avait beaucoup vécu. Ils envoyaient la jeunesse au combat, la vieillesse aux conseils.

« Mais au lendemain d'une révolution qui a écarté beaucoup d'hommes, et au commencement d'un gouvernement nouveau qui en a déjà dévoré beaucoup, le peuple a plus de peine à bien voir, à bien assurer son jugement et à bien choisir.

« De plus, cette manière d'élire dix, douze, quinze, vingt et jusqu'à trente représentants portés à la fois par une même liste, rend le choix encore plus embarrassant. Nous espérons bien qu'à la prochaine révision de la constitution, on corrigera ce vice de forme.

« Qui est-ce qui connaît parfaitement, même de réputation, quinze ou vingt hommes dont on nous fait écrire les noms sur une feuille de papier? disent les paysans. Nous avons bien de la peine à en connaître deux ou trois. C'est une élection à tâtons. C'est une mêlée de noms. C'est un choix dans les ténèbres. Il est bien plus simple et bien plus sûr de faire comme le gouvernement provisoire avait fait dans son premier décret, c'est-à-dire de diviser la France en autant de circonscriptions électorales qu'il y a de fois quarante mille habitants dans le pays, et de dire dans la loi : « Chaque circonscription de quarante mille âmes nommera un représentant. »

« Alors on y voit clair. On met la main sur le nom connu, estimé, respecté, aimé parmi ces quarante mille. On est assez près de lui pour le bien connaître; on sait ce qu'on fait; et puis cet homme ainsi nommé dans le rayon de ses concitoyens les plus rapprochés, a une responsabilité réelle vis-à-vis d'eux.

« Quand il revient dans sa circonscription, on lui demande compte de ses discours, de ses actes, de ses motifs; on entend ses raisons, on discute avec lui, on s'éclaire dans ses entretiens, et lui-même s'éclaire dans les entretiens de ses électeurs, sur les opinions, sur les désirs, sur les besoins moraux et matériels du pays. Mais à présent où est la responsabilité de tel homme dont on nous fait écrire le nom sur nos listes sans que nous en sachions même l'orthographe! Il n'est pas d'entre nous; nous ne savons pas d'où il vient. S'il nous néglige ou s'il nous trompe, nous n'avons aucun compte à lui demander. C'est un nom, ce n'est pas un homme. Autant vaudrait nommer les vingt-quatre lettres de l'alphabet.

« Je sais bien qu'on nous dit : Il faut nous en rapporter aux comités électoraux, aux journaux et aux clubs, qui vous diront ce qui vous convient.

« Mais les journaux! Nous n'avons pas le temps de les lire; nous n'avons pas assez d'argent pour nous y abonner.

D'ailleurs, il y en a de toutes les couleurs. Qui nous dira quelle est la bonne, à nous ignorants ?

« Mais les comités électoraux ! Connaissons nous mieux ceux qui les composent et dans quel intérêt ils sont formés ?

« Mais les clubs ! Croyez-vous que leurs vociférations et leur tumulte soient de nature à nous inspirer une grande confiance dans leur lumière, dans leur sagesse et dans leur impartialité ? Ils sont toujours en colère. La colère est une aussi mauvaise conseillère que la peur. Nous aimons mieux juger par nous-mêmes, et juger, non pas sur un discours, mais sur la vie tout entière d'un homme que nous connaissons.

« Voilà ce que l'on dit sur le mode actuel d'élection par scrutin de liste, et selon moi, on a raison. J'ai dit tout cela quand on a fait ce décret, et je le dirai tant que j'aurai un conseil à donner à ceux qui retoucheront à la loi électorale quand on révisera la constitution. »

Il a dit encore, toujours à propos du scrutin de liste : « Une loterie de noms tirés de l'urne par la main d'un enfant vaudrait mieux, car l'enfant est innocent et impartial, et l'intrigue qui unit la main du peuple est perverse et corrompue. »

Ces paroles s'appliquent à notre situation présente, dans laquelle elles trouvent une nouvelle actualité. Aussi pouvons-nous en tirer des leçons profitables. Personne, dans une question semblable, ne saurait révoquer en doute la sincérité de Lamartine.

Un autre républicain a écrit : « Le scrutin de liste est un mensonge perpétuel et livre mortellement le sort de la France aux partis, aux coteries, à l'intrigue et au mensonge. Il supprime complétement la liberté, la conscience, la sincérité, la réalité des votes. »

Il poursuit en se jouant : « Une marchande de cerises a étalé sur le dessus de son panier une ou deux poignées de cerises grosses, écarlates, mûres bien à point; elle ne vous autorise pas à secouer le panier ni à en acheter une livre ; — elle vend le panier entier, tel qu'il est, sans vous permettre de « manier, » de « défraîchir » sa « marchandise ».

« Voulez-vous avoir les appétissantes cerises du dessus, vous payez et vous emportez en même temps celles qu'elles recouvrent, les petites, les mal venues, les pas mûres, les trop mûres, les blettes, les gâtées, les meurtries, les becquetées, etc., etc.... C'est le scrutin de liste. »

Il termine en disant : « Le scrutin de liste livre les élections aux intrigues, aux tripotages, aux mensonges, et est un immense danger pour la France. » (1)

(1) A. Karr.

Le scrutin de liste est évidemment une stupidité, une duperie, un mensonge, une sottise, un « truc ». Nous ne pouvions mieux le prouver qu'en citant l'opinion de deux républicains, opinion d'ailleurs fort juste, motivée et exprimée avec une franchise et une clarté contre lesquelles M. Louis Blanc ne trouve à porter que cette banale critique: « Parlons sans détour : ce qui déplait véritablement à M. de Lamartine dans le scrutin de liste — et du reste on lui doit cette justice qu'il ne s'en cache pas —, c'est que le scrutin de liste a pour conséquences de tenir en éveil les populations, de réunir les citoyens par masses imposantes, de leur faire battre le cœur, de les animer de ce mouvement qui est inséparable de la liberté.

« Mais le contraire de cela ce serait la mort, et cela c'est la vie ! » (1)

Quant au scrutin d'arrondissement, sur lequel les conservateurs de toute nuance ont fondé tout leur espoir, nous savons que le motif qui guide leurs déterminations, leurs convictions, leurs démarches est basé sur l'hypothèse que le peuple faisant connaître ses décisions par arrondissement, doit mieux connaître ses élus et que le choix ainsi fait doit être plus éclairé et plus juste.

N'est-ce pas là d'abord une utopie ?

(1) *Questions d'aujourd'hui et de demain.*

Une illusion?

Les minorités, qui sont la plupart du temps de grandes majorités, seront-elles alors représentées? Leurs intérêts seront-ils mieux sauvegardés? Nous en doutons.

Mais, lors même que cela serait, Montesquieu n'a-t-il pas écrit quelques lignes qui s'appliquent textuellement à notre cas? « Dans ce tribunal, dit-il, on prend les voix à la majeure : mais on dit qu'on a reconnu par expérience qu'il vaudrait mieux les recueillir à la mineure ; et cela est assez naturel, car il y a très-peu d'esprits justes, et tout le monde convient qu'il y en a une infinité de faux. » (1) N'est-ce pas là le procès formulé du tribunal de l'opinion ?

J'accorde pour un instant que « le scrutin d'arrondissement, en laissant aux influences locales et personnelles une action plus décisive, sauvegardera plus sûrement les principes d'ordre et facilitera l'élection des conservateurs. » (2)

Mais ce système n'offre-t-il aucun danger?

Personne ne peut de bonne foi prendre le scrutin d'arrondissement pour une perfection; quand bien même le scrutin d'arrondissement serait la perfection, comment des monarchistes vraiment dignes de ce nom pourraient-ils, dans le cas donné, accepter le débat sur la compétition du pouvoir

(1) *Lettres Persanes.*

(2) *Gazette de France.*

basé sur l'opinion du peuple souverain, c'est-à-dire sur la minorité du pays? Ne seraient-il pas obligés de se mentir à eux-mêmes, s'ils prenaient la représentation pour l'opinion du plus grand nombre, cette opinion qui est ce qu'il y a de plus mouvant, de plus changeant, de plus versatile.

III

Pour eux, leur ligne de conduite est toute tracée. L'un et l'autre de ces deux systèmes électoraux reposent sur des fondements qui chancellent; d'ailleurs, quel que soit le mode employé, qui pourrait jamais nous dire d'avance comment s'exprimera l'opinion de la foule, de quel côté penchera la balance, à qui le scrutin donnera plein pouvoir ?

Les monarchistes de l'Assemblée nationale savent à quoi s'en tenir au sujet de l'opinion, « c'est-à-dire sur ce qu'il y a de plus flottant, de plus mobile, de moins saissable. » (1)

Ils savent encore ce que valent les lignes plus ou moins arbitraires dans lesquelle on prétend enfermer le mode d'élections, alors qu'il n'y pas de principes stables, de pouvoir arrêté.

Ils savent que le scrutin de liste a autrefois favorisé les conservateurs aussi bien que les radicaux et qu'il n'est pas permis d'oublier que le scrutin d'arondissement a favorisé les députés officiels de l'empire. — Or voilà deux raisons suffisantes pour leur imposer la neutralité.

(1) *Gazette de France.*

Ils savent enfin que la question est aujourd'hui placée sur la compétition d'un pouvoir dont ils n'ont que faire, avec l'aide des votes du peuple souverain, qu'il ne leur est pas permis de reconnaître comme base du gouvernement.

Donc à aucun point de vue, ils ne peuvent donner la préférence ni au scrutin d'arrondissement, ni au scrutin de liste. Car ce n'est sous deux formes dissemblables que la mise en pratique du même principe.

Donc à aucun point de vue, ils ne peuvent soutenir la lutte sur le faux principe de la souveraineté du peuple, de l'opinion du plus grand nombre et de la compétition du pouvoir.

Agir autrement ce serait renouveler les errements de la constitution Wallon, ce serait une faute, une grande faute, ce serait agir contre le principe du droit légitime, le seul digne, le seul vrai, le seul possible en France.

Les monarchistes lutteraient alors maladroitement contre les républicains et les radicaux, et, pour réagir contre un mal, tomberaient dans un mal encore, ils plaideraient par le scrutin d'arrondissement la cause des bonapartistes et sembleraient dire avec eux :

Et spes in Cæsare tantùm. (1)

On a trop reproché aux légitimistes de pactiser parfois

(1) *Juvénal, Satire* VII.

avec les républicains pour les besoins de leur cause. Il a été encore trop souvent objecté que, en vue de leurs intérêts, ils faisaient cause commune avec les bonapartistes. Ici de semblables malentendus ne sauraient se produire, car indépendamment de toutes les raisons que nous avons alléguées en faveur de leur neutralité dans la discussion de la prochaine loi électorale, il est deux motifs encore qui doivent leur imposer comme une loi de se dégager de toutes les préoccupations de parti.

C'est d'abord le peu d'intérêt qu'ils peuvent avoir dans l'établissement d'une constitution hétéroclite et dans l'élaboration d'une loi électorale reposant sur des fondements *erronés*.

C'est ensuite et surtout leur principe qui interdit tout alliage, toute concession, c'est la conduite de leur chef, qui a toujours donné l'exemple de la droiture, de la sincérité, et qui, en toute circonstance, s'est montré l'implacable ennemi des hypocrisies de langage, des inconséquences, des voies détournées, du mensonge et des compromis.

Pour nous, d'ailleurs, quoi qu'il arrive, rien ne pourra plus nous émouvoir :

Les hommes s'agitent et Dieu les mène.

2 Octobre 1875.

Paris-Auteuil. -- Imp. des Apprentis catholiques. Roussel. -- 40, rue La Fontaine

www.ingramcontent.com/pod-product-compliance
Lightning Source LLC
LaVergne TN
LVHW010254230826
846091LV00007B/2974

9782013371117